POR BAIXO DOS PÉS
DA CHUVA

1ª edição, 2023 / São Paulo

Rami Saari

Por baixo dos pés da chuva

POEMAS

Tradução do hebraico
Francisco da Costa Reis

Adaptação e apresentação
Moacir Amâncio

LARANJA ● ORIGINAL

APRESENTAÇÃO

Além aquém o rio Jordão, todas as águas*

Moacir Amâncio

Depois de ter traduzido para o hebraico – segundo a revista literária israelense *Helicon*, em seu número 105 – dezenas de obras do albanês, estoniano, húngaro, grego, turco, finlandês, catalão, castelhano e português (de Fernando Pessoa e seus heterônimos até Herberto Helder e Sophia de Mello Breyner Andresen, de Eça de Queirós aos brasileiros Jorge Amado, Ronaldo Correia de Brito, Andréa del Fuego e, mais recentemente, *Flores artificiais*, de Luiz Ruffato), o poeta israelense Rami Saari, nascido no ano de 1963 em Petah Tikvá (Portal da Esperança, cidade próxima a Tel Aviv), tem a presente antologia lançada no Brasil: *Por baixo dos pés da chuva*, em versão feita pelo tradutor português Francisco da Costa Reis. A grafia e algumas expressões foram adaptadas ao português brasileiro, sem interferir na estrutura da versão lusitana. Com

---

* Este texto foi antecipadamente publicado pela revista literária *Quatro Cinco Um*, com pequenas diferenças, sob o título de "Leque Mundial de Cenários – Retrato Rami Saari".

exceção do poema "Grande sertão: veredas", que não pertence ao conjunto do livro, vertido por mim ao português brasileiro e publicado ao fim destas anotações.

 Saari, que vive a maior parte do tempo entre os fusos horários de Helsinque e Atenas, é doutor em Linguística Semítica pela Universidade Hebraica de Jerusalém. Recebeu em Israel o Prêmio Tchernichovsky e o Prêmio do Primeiro Ministro para Obras Literárias. Sua poesia, toda escrita em hebraico, abre um leque mundial de cenários. Ou seja, essa poesia acontece dentro do idioma dos profetas, no qual são recriadas paisagens emocionais, intelectuais, artísticas, políticas, bélicas, eróticas, memorialistas de um ponto linguístico no Oriente Médio. Nesse sentido, ele se torna um autor proveniente de Israel pois atua como poeta e tradutor no país de origem, circulando por diversas órbitas idiomáticas. E, ao mesmo tempo que viaja pelo planeta, tanto física quanto virtualmente, expande o seu espaço intelectual e geográfico de modo vertiginoso, como vemos nesta antologia elaborada a partir dos livros autorais que ele vem publicando, paralelamente às traduções e pesquisas universitárias.

 O poeta e tradutor descende de pai nascido na cidade romena de Iasi e mãe nascida em Buenos Aires, provavelmente causa importante no seu domínio perfeito do castelhano, além da coleção de idiomas que ele vem formando pela vida afora. A obra poética está impregnada de sua vivência multilinguística e multicultural, a partir de Israel, país que conta com população árabe originária de seu território e principalmente com judeus provenientes de todas as Europas, do Marrocos, da Argélia, da Tunísia, do Egito, da Síria, do Líbano, do Iraque, cujos antepassados recentes também falavam árabe. Isso, mais dezenas de idiomas levados pelos judeus que chegavam e chegam em Israel procedentes de cem países espalhados pelo globo. No caso do português, ele desenvolveu o conhecimento do idioma ao receber uma bolsa da Fundação Gulbenkian, o que lhe permitiu a possibilidade de passar quase meio ano em Lisboa, ocupando-se com a tradução do português para o hebraico, ao mesmo tempo que praticava a oralidade lusitana. Quer dizer, o convívio com os árabes e elementos de outras culturas é diário dentro de Israel, dado que se agrega às inúmeras tradições latentes no país e na formação dos nativos de qualquer origem.

Descende de judeus, mas prefere declarar-se hebreu. Seria uma opção ideológica talvez vinculada ao movimento literário dos "Jovens Hebreus" (em vez de judeus, como preconizavam os fundadores de Israel contemporâneo), liderado pelo poeta Yonatan Ratosh (Varsóvia, 1908-Tel Aviv, 1981), que lutava pela adoção do patronímico "hebreu/hebreia", anterior às demais denominações, referente, segundo a Bíblia, a Abraão e sua tribo, que deixaram Ur Casdim e perambularam até que chegassem a Canaã. O movimento de Ratosh recebeu o apelido irônico de canaanita, por evocar utopicamente um passado remoto do povo e da região. Rami não quer ser confundido com um seguidor fora de época daquele grupo, inclusive por causa do perfil muito conservador, até "reacionário" que seus integrantes ostentavam a partir da origem no revisionismo sionista. Enquanto ele é um homem livre, na amplitude do termo.

"Aquele sonho canaanita jamais se realizaria, já que durante os trinta primeiros anos do Estado de Israel (1948-1977), enquanto o país tinha, pelo menos supostamente, um governo socialista, sempre havia a pressão estrangeira, pela qual uma paz verdadeira com os países vizinhos não era possível. Hoje em dia torna-se impossível para mim ser canaanita, da mesma forma que nenhum grego de hoje poderia ser deveras cem por cento bizantino. [...] Mas me considero hebreu, apesar do fato de o Estado de Israel, do qual continuo a ser cidadão, impor a identidade judaica – nem hebreia nem israelense – aos seus cidadãos que não pertençam a outra nacionalidade ou não tenham outra religião. Na minha fé sou mais cristão do que judeu, apesar de eu não ter me convertido ao cristianismo oficialmente, mas isso de canaanismo já me parece quase pura alucinação numa época de globalização destrutiva que provoca por sua parte o perigoso levante de religiosos fanáticos e cegos dos extremistas nacionalistas."

Pela própria experiência, sente-se um cosmopolita movido por conceitos humanistas e universalistas. Desse modo, caso ele se refira a si próprio como "canaanita, evoca a base étnica e linguística que dá raízes a uma pessoa dos séculos 20 e 21, obrigada, contra a própria vontade, a aceitar as regras do jogo impostas por forças contra as quais alguém pode parcialmente protestar, mas desgraçadamente, fazer muito pouco". A experiência cosmopolita está muito presente nos seus poemas, todos escritos em hebraico, idioma no qual foram publicados na origem, mas com cenário mutável, talvez camaleônico, de ambientes gregos, árabes, turcos, albaneses, portugueses, finlandeses ou mesmo brasileiros, já que, além de ter traduzido autores do Brasil, também tem periodicamente visitado o país nos últimos anos. Com formação de pesquisador, Rami Saari parece não aceitar o conhecimento a distância, fundando a sua experiência idiomática onde as línguas que, enfim também lhe pertencem, têm vida própria. Fronteiras e outras abstrações se rompem nessas experiências, o saber passa pelo mergulho na cultura pulsante de cada povo e seu idioma. A propósito, a palavra "hebreu" é tradução de *ivri*, aquele que vem do outro lado do rio (Jordão), a marca abraâmica que Rami faz questão de manter. Mas é um hebreu que, em vez de hipoteticamente se fixar num espaço, ou em mera pretensão ideológica, abre-se para os quatro pontos cardeais a partir da sua experiência concreta e dos idiomas de sua propriedade por prática e direito universal – tantas línguas lhe permitem vivenciar a amplitude do Enigma, como sintetiza o mistério roseano, inspiração do poema que tive a honra e a alegria de traduzir ao português. Um filho de Abraão, o hebreu, o *ivri*, destinando-se à terceira margem do rio, onde sete correntezas se cruzam na comunhão de todas as águas:

GRANDE SERTÃO: VEREDAS

Fundo adentro do livro brasileiro
entre as bravias paisagens do coração
e o árido espaço
que é a vida,
tu és a montanha sempre
sempre atraída e levada pela corrente do rio,
e o sonho flui: onda sobre onda
avante, prossegue no amor poderoso
por alguém cuja própria existência é duvidosa.
Enquanto isso, livre e lúcida,
a voz de todos os mundos
clama no teu mundo.

Por baixo dos pés
da chuva

PETAH TIKVÁ[1]

Olha, encontrei a minha casa: a cova
aonde depois de minha morte poderei retornar.
Lá consagrará à morte, sem chifres
nem foice, qualquer eminente rabino.
Rejubilemos, pois, amigos, versos de ouro,
fragmentos de poemas e paisagens:
os meus dias passaram numa praia báltica,
mas eu todo e o melhor de mim
estão numa cidade de mel de laranjais.

A GRANDE REVOLUÇÃO

O caminho que atravessa a aldeia dos sonhos
está juncado de pedras cinzentas.
Pessoas com ar enfastiado passam com o vento do tempo,
olham descuidadas as pedras e sentenciam
"vermelho" ou "branco". O vento pulveriza tudo.
Escrevem-se poemas. Perfeitos. Esquecem-se.
As coisas significativas acontecem longe daqui.

Ventanias tremendas passam-nos por cima.
Estamos dormindo.

FINAL

A exaustão do fim de semana
estende-se a todo o último dia.
Uma pedra pesada jaz na encosta
das montanhas que sitiam a estrada antiga.
No calendário está suspensa
uma esperança morta.
Um pássaro negro
grita no coração do céu
enquanto se contorcem por baixo
caminhos de pedras rolantes.

ENCARCERADO

Estou aqui encarcerado.
Aqui, sobre esta terra velha e nova,
sobem vapores das noites.
Vapores exilam-se,
vêm testemunhas. Assim os lagos fervem:
renunciamos à nossa juventude, floresta,
renunciamos ao amor.
Algo mais duro do que a rocha e pior do que o homem
ergue-se do leito do coração e persiste em avançar para o norte
numa lufada de ventos contrários, para adiante, para a frente.
A neve sopra com um murmúrio nas copas altas:
estão abandonadas as crianças da floresta, que solitárias são
as folhas do mundo! Para o norte! Para o norte!
Sem janelas, nem portas, nem cercas.
Tudo está rodeado pelo deus verde e pelo silêncio.
Até que um berro repentino rasga esta paz:
Sou um urso encarcerado na cela da floresta,
diante de mim estão as árvores que me acusam.

E assim ditou o silêncio: a porta já está fechada.

MADRUGADA EM HELSINQUE

Madrugada nos jardins, nas rochas graníticas,
madrugada nas ilhas, vapor nos bondes.
O bafo das bocas desfaz-se nas ruas despertas.
A lua doente domina as entradas do céu frio
já disposta a desvanecer-se para lá dos bancos encerrados.
Uns amores doridos escorrem para o golfo finlandês
e de lá navegam em direção ao Báltico.
Com um sorriso melancólico apagado pelo sorvete aveludado,
cujo preço, nas bancas da estação ferroviária, confirma
o absurdo das coisas:
a manhã saúda um bêbado que mija na parede.

O MEU MORTO

Nos meus sonhos deram-me outros nomes
e nada me despertou senão o tique-taque do despertador
anunciando a chegada de um novo dia atingido
por uma fria escuridão. Nas manhãs gélidas do inverno,
montava a minha velha bicicleta, e as paisagens distintas
buscavam caminhos diferentes e palavras descoradas. O vento
fustigava-me o rosto. Ao chegar ao limiar de frescos dias azuis,
sabia que ainda procurava, entre todas as almas perdidas
em cuja companhia decorriam os meus dias, um homem
que bailava a solo uma valsa de noite de verão.
Postava-se em silêncio diante da janela
que dava para o lago cinzento. A sombra do seu rosto
passava lentamente pelas câmaras da morte e dos tormentos.
Apenas o seu sangue corria
e uma vozinha celestial lhe dizia:
"Hoje tens trinta e quatro anos
e as tuas mãos são belas e cansadas".

UMAYYA

A.
Falta aqui um olho que veja,
é preciso um ouvido que escute:
os horizontes alargam-se por si mesmos.

B.
A floração da árvore de coral flutua na memória.
O junco da água estagnada que vai congelando
regozija-se com o júbilo da morte.

C.
Houve gente que tentou arrancar-nos os olhos.
Deixamos que o tempo passasse,
despedimo-nos em silêncio e saímos da moda.

D.
E tal como os nossos antepassados, com raízes sangrentas,
com as unhas enclavinhadas na carne do mundo,
atravessamos rios caudalosos
na viagem para as praias da Palestina.

E.
É silenciosa e tranquila a linguagem dos campos,
porque encerra os sinais
do fim da nossa jornada
e as marcas do amor.

ELE FLUI ENTRE OS SEUS ANOS

Ele flui entre os seus anos, apertado no coração da montanha.
Um filão de ouro jaz mudo, pulsa o sol nas alturas –
como, desde sempre, no coração do monte.
Diante da encosta do sonho, o trigo não se move.
E túneis – a vida humana – vão e vêm e vão.
Regressa o ontem ao cume truncado. Uma esperança amputada
é a casa do morto e dos vivos e das cantigas
que dimanam no coração da montanha. O rio é uma mina
abandonada. Só a raiva ou o ódio jorram de vez em quando.
Diante da encosta dos anos, no coração da montanha,
um filão de ouro jaz manietado. Aproxima-se
o ano da morte.
O sol pulsa.
Vêm, voltam e vêm.
E o trigo não se move.

AS RUAS VÃO GELANDO

As ruas vão gelando. Percorro-as, pensando
na minha primeira professora de húngaro.
Agora era mora em Nyíregyháza, numa casa rodeada
por sebes de roseiras com a caliça caindo.
Tinha uma voz simples e delicada quando lia
o poema de Attila József "Segredos". A sua cabeça
parecia-me ser a copa frondosa de um cipreste
onde eu gostaria de fazer o meu ninho.

Estou terrivelmente enregelado. Parece-me que hoje
vão servir peixe na cantina da universidade. Penso
na minha primeira professora de húngaro
e gostaria que estivesse aqui para me tirar
com os seus beijos todas as cicatrizes.

UM POEMA PARA RÁIM[2]

Conta-me as circunstâncias da tua
morte, Ráim, como te envolveram tão
azuis e tão longe de Petah Tikvá, entre
arranha-céus e paredes de alta-tensão
diante de longas faixas de mar.

E iremos aos nossos afazeres para além
dos laranjais e anos de anseio que mata,
sabendo que ainda não terminou a canção.

Porque na cidade amada sai uma multidão
dos cinemas escuros para o azul-celeste
do dia.

E assim qualquer dia, vamo-nos encontrar
com a nossa amiga Michal, vamos para
a rua como dona Flor e os seus dois
maridos, tu, ela e eu. Seremos engolidos
pela gente fervilhante sob uma luz quente
em infinitas avenidas de laranjeiras.

A LÍNGUA DO CAMPO

É tempo de voltar agora para ti, língua do campo,
língua ingênua, tranquila, rica em palavras pobres,
longe de sutilezas e sofisticação,
o pensamento de camponesas que saem para ordenhar,
e o jargão dos peixes apanhados na rede,
terra repleta de silêncios e de passos,
tempos difíceis ignorados pelo amor.

És a língua das pessoas esperadas,
das que tardam em chegar,
é o tempo de voltar a ti por muitos e longos caminhos.
Os rostos saciados escorrem no teu calor como
seiva de sândalos amargos.

DINASTIA

O meu avô deixou a Polônia em 1937,
ao fugir dos cavaleiros do Mal.
O meu pai deixou a Romênia em 1946,
ao escapar da guerra e do frio.
A minha mãe deixou a Argentina em 1961,
ao refugiar do grande amor.

E em 1982, deixou-me Petah Tikvá
para viver a Finlândia, a Grécia e a Hungria:
calar-me nas neves, estremecer com os terremotos
e ser arrastado pelo Danúbio até às portas do inferno.
Algo antecedeu tudo isso, mas agora
é tarde demais para clarificar os acontecimentos.
Não obstante o conhecimento das causas
e a compreensão dos motivos –
prosseguirá a frenética viagem. Tal é a sentença:
Ser fugitivo do confronto com os efeitos da negação,
saber que alguma vez vão mudar os exércitos e os regimes,
mas a palavra ficará para sempre –
ficará no anseio pela beleza,
diluir-se-á na recordação do caminho.

E não terei um filho, não nascerá um filho a Caim.
O sêmen de Sem vagueia pelo mundo sem nome,
e o seu corpo é o seu lar.

ESTE É O SANGUE

Este é o sangue que se impõe
através da púrpura coral do corpo,
os erros que sussurram nos orifícios,
as decepções furiosas nas profundezas.
Este é o sêmen que flui tristemente, que nada
fará germinar e que nada fará crescer.
Esta é a distância entre o momento acendido
e o silêncio das horas que se lhe seguem.
Só a calma que cobre os lençóis profetiza
que tudo voltará a acontecer.

E a dor baralha as cartas do prazer com mão pesada,
quando o homem quer o que não quer querer.

POR VEZES, HELSINQUE

Por vezes, Helsinque é uma cidade cansativa.
O corpo está cansado. Já se cansou a alma –
está totalmente disposta a ser atirada, como um cabelo
que caiu casualmente na massa, para um mundo delicioso,
para um hotel de um milhão de estrelas.
Porque a tristeza é um anseio pungente por um lugar abstrato
inexistente, por uma região onde são poucos os lemas
e muitos os pássaros, por uma cidade cujas penas azuis
voam belas, não se cansam, e regressam sempre a multiplicar-se.

UMA CARAVANA DE CIGANOS A CAMINHO DO CÉU

No segundo convés do barco que navega
entre a Finlândia e a Suécia, no beliche debaixo do meu,
está deitado um cigano de vinte anos chamado Tino
(um metro e oitenta de altura, cabelo preto liso,
olhos de amêndoa tostada, sapatos de número 41 –
um dos meus números prediletos). Ele e os seus familiares,
que se apinham no camarote, entusiasmam-se
ao ouvir que sou hebreu.
Tentam convencer-me do parentesco familiar
entre Deus e Jesus, mas eu viajo para ir ter
com o meu amor na Grécia.
Entretanto, observo os dedos morenos de Tino.
Uma vez por semana eles tocam as cordas
do espírito exaltado na igreja pentecostal
no centro da capital sueca.
Dedos bonitos, provenientes da Índia,
mas, em verdade, que importa isso?
A viagem é uma pura beleza,
e o caminho passa adiante.

O BAIRRO TURCO DE YANITSÁ[3]

Cinco, oito, dez num quarto
    e a mãe varre o chão do estábulo.
Os profetas e os trabalhadores do algodão acabam de chegar,
    e o bairro turco fervilha de vida.
Os vaqueiros de Yanitsá põem-se a caminho,
    os trilhos da Macedônia são bons para cavalgar.
Kemal e Enguin suam todo o dia,
    e o belo Fotis atende-os no balneário.
Indo para Edessa a caminho de Pristina
    verás as folhas de tabaco banhadas de lua.

IDENTIDADE

Porque quando todos me deixaram,
a língua hebraica ficou comigo.
A grande alucinação das palavras não desistiu,
a perseguição das frases continuou.
E assim não deixo de pisar
os lugares perdidos que a vida me dita:
oscilação de todos os lados, raízes dispersas
em existência vagabunda. O meu único passaporte
persegue-me entre os ouvidos: sou para sempre
cidadão da minha língua.

EU

Não sou o caminho, sou a viagem
dos terraços da morte para a parede anônima.
Não sou o Messias verdadeiro
nem a maldição dos falsos profetas.
Sou as palavras necessárias e o poema incompleto.
Sou o que grita, o que passa pelo caminho, clamando,
com gosto de farinha na boca
e tendo em frente uma densa neblina húngara.

OS ASSUMIDOS

Sempre com este olhar, um olhar que diz tudo,
nos ônibus, nos mercados, nos pátios, nas ruas.
Nos cruzamentos movimentados, lá está ele – o olhar que tateia
revelando os assumidos: os condenados à forca em Teerã,
à tortura em Oradea,[4] ao exílio em outros lugares.
Mas a procura errante prossegue, apesar de tudo.
Na maioria, não têm filhos, nem eles, nem vós nem nós,
à exceção talvez de uns poemas. Eles são, pois,
jovens assumidos, e elas jovens assumidas.
Nascem sempre mais e mais, e a raça não se extingue:
nascem com aquele olhar nos olhos,
com a fome púrpura nos corações.

SÓ A ETERNIDADE SOBREVIVE À ETERNIDADE

Fino como uma vela, extinguiu-se o amor,
dando lugar à grande escuridão,
à pequena liberdade por onde passa o tempo –
um pescador cheio de filhos, de rosto com cicatrizes e ar triste.

O mundo não gira à nossa volta.
Só por engano parece que somos pequenos sóis no universo
e que a luz é eterna.

A uma pessoa é permitido ser um estrangeiro,
um cristal, uma sombra ou um floco de neve,
algo que se atira para longe
e retorna como silêncio.

E quando a ordem se rompe,
cria-se uma ordem nova,
sempre em ordem
condenada também à ruptura.

REJEITADO

Sacrificaste muito tempo para a abordagem.
Mudaste lençóis, almofadas e, sobretudo, expectativas.
Ante a perspectiva, lavaste janelas
e arejaste o quarto.
Ora, foi tudo bastante relegado
a higiene, a luz e o ar puro
só carregam agora a tonalidade da solidão.
O azul-escuro da meia-noite está quase roxo pelo vexame.
Os dias são gastos em vão, e as noites são tristemente tecidas.
Quando o malogro fere a intimidade
e resta a disposição para a mera amizade,
a roupa bem passada que vestiste
humilha-te gratuitamente.
Os esforços que envidaste na hospitalidade
revelam-se estéreis.
São insípidas as iguarias em que te empenhaste.
Assim é também o vinho.
Anda, toma lá mais um copo.

QUARTOS CANCEROSOS

Nas pensões baratas os banheiros estão no fim do corredor.
Os amores trepam pelos lados das camas,
penduram-se nas pontas gastas do cortinado.
E lá fora, estações ferroviárias ou árvore de bordo enorme,
onde cada folha é uma folha de vida, e os cheiros da chuva,
impregnados com saudade, escalam e chegam
até os corredores escuros.
Lá dentro, longe do céu e perto da terra,
tu afastas-te da terra e aproximas-te do céu,
tocas, nu e cheio, nos outros e em ti mesmo.
É assim nas pensões baratas: bebes mais um cálice e fumas,
passas por quartos cancerosos e os amas.

DIMITRIS

Na véspera desta grande festividade
o cordeiro tem ainda a esperança de ser oferecido,
o sacrifício aguarda por Deus, a chuva pela terra.

No pátio em frente o filho dos vizinhos
atiça o fogo por baixo da grelha.
Os seus pés são a própria doçura,
e o seu encanto, ervas amargas.

E olha: nos postos da expectativa do futuro,
o meu amor converteu-se em vento de noroeste,
e assim como passaram a vida e o sonho,
tu também te vais distanciando.

DESDE QUE FOSTE EMBORA

A paisagem esplêndida daquela face
vai-se afastando de mim,
embora absorvido pelo meu sangue
como harmoniosas substâncias químicas.
Uma cintilografia óssea requer
uma coleta de pontos radioativos.
O amor ainda tarda em vir.

A essência da noite destila-se nos dias
quando o esgotamento se intensifica.
As luzes débeis afundam-se na distância,
os caros homens nas suas casas.
E o amor ainda tarda em vir.
Passam as expectativas, os dias.
E eu ainda o espero tanto
que a neblina dos cigarros se prende à lua
e a sombra dos ciprestes é a paisagem.

A QUATRO PASSOS DA MORTE

1. A altura do amor

A altura do meu amor era de nove andares.
Na maioria das vezes, caminhavas preguiçosamente
atrás de mim, em parte do percurso trepávamos juntos.
Não falo agora do mel dos teus lábios, do vinho do teu sangue,
do sal dos teus pés: quase tudo o que inebriou – ludibriou.
E quando me lancei do nono andar da tua casa
para o fundo dos teus vidros, vi os andares passando
em vertiginoso turbilhão um após outro, percebendo
que a vez do impacto estava prestes a chegar.

2. No lugar

Duas pernas partidas, onze costelas e a mão direita.
A relva reverdece lentamente no pátio do hospital.
O balanço não balança e a bandeira está sempre hasteada.
Quão agradável me é pensar à força
no amor mais difícil da minha vida.
Quinhentos anos depois da expulsão dos Judeus da Espanha,
o rei católico fez-me voar e o tempo continuou a passar.
A neve foi-se embora e chegou o verão.
Não me vou embora nem chego.
Ó joaninha no gesso da perna esquerda,
para onde vais?

3. O que não se pode tirar

Se ainda te puder pedir alguma coisa, escreveste,
não entra em contato comigo. E então, abrimos o livro grande
e lemos umas poucas coisas certas:
ganharemos consciência e o nosso fim não será fácil.
E, entretanto, na noite do hospital,
a almofada está deitada ao meu lado.
Abraço-a com força
e dou-lhe o que ninguém
me pode tirar agora.
A mãe de Deus toca-me.
O pai de Deus exibe-me o amor.
E Ele, em pessoa, como sempre, vem grande como as águas
e desce quente até aos meus ossos partidos.
Se ainda te puder pedir alguma coisa,
dá-me só um amor breve e uma morte rápida.

4. E amei o meu próximo como a mim mesmo

E amei o meu próximo como a mim mesmo,
mas não parti as suas pernas,
não esbofeteei o seu rosto,
não cuspi para o seu sinal.
Vejo-o agora e já sou diferente –
experimentei a neve, nuvens e meses de dor.
Ele também me parece outro –
fiel às teias da sua alma, envolto nos farrapos do seu amor,
no ventre manchas de frias algas noturnas da sua carne
e um sol escuro nele gravado.

Porque o meu próximo não foi de todo próximo,
e eu não fui como eu mesmo.
A razão apaga lentamente do coração
traços de queimaduras e de sangue.

5. Para a frente

O coração não tropeçou no gesso nem num poema,
mas no diamante frio da recusa.
E o preço foi pago pouco a pouco
como tudo o que se paga diariamente.

Agora o chapim-real do beiral pôs-se a voar –
tão depressa: só o vi
e não tive tempo de olhar.

Parece que não tinha chegado ainda o tempo do muro negro,
e que não me tornei lá muito sábio,
mas o caminho já está aberto diante de mim
e dentro em pouco poderei voltar a andar.

12.03.1992-15.07.1992

CONTINUIDADE

Neve, pinhais e noite.
Agora a Catalunha é como uma ferida aberta
fundo na escuridão.

Quatro corvos negros
recortam-se no fundo da lua,
sempre a mesma lua
à janela do hospital.

E fumo só lá fora,
agitado como uma folha ao vento,
mas a única droga de que não me desliguei
continua a ser o amor.

NA CASINHA DA RUA HALAFTA[5]

Na casinha da Rua Halafta,
as tardes passam tranquilamente.
Amigos vêm, partem e sabem ao odor da mirra.
Na copa da palmeira há uma coroa de chuva transparente.
As rosas quase que irrompem para dentro de casa.
E nestas tardes de infinito outono estou sempre no terraço,
a observar as luzes de Talpiot[6] em frente,
pensando em que estações estarás agora
e como desapareceste, igual à vida.

A ESCASSEZ DE LÁGRIMAS NO VAZIO DAS TUAS MÃOS

Chegam novas pessoas
e não tenho vontade nem forças
de correr frenético para o atlas
à procura dos pontos donde vieram,
e tu só sonhas com outra vida,
nova e velha como versos de Rilke,
apodrecendo entre palavras que inventam sonhos
e apagando a flor com o inverno do teu corpo.

MORADA

Os ventos do tabaco, como os Bálcãs,
começam a afastar-se lentamente.
O cipreste alto diante do terraço,
o cipreste dos cemitérios
e o aroma dos laranjais no outono,
como sangue fresco e necessário.
Aqui e acolá, teias de aranha, caliça a desprender-se,
nuvens hesitantes, a todas
é permitido permanecer onde estão, não são expulsas.
Estão aqui e lá fora, contrariamente aos países
que mudaram tão depressa
e agora não existem mais.
O trabalho é extenuante e bom,
o silêncio chega a seu tempo,
a noite tem um ar de benevolência.
Essas pequenas coisas, uma paisagem menor,
são as coisas de agora.
Não o amor, não as expectativas
nem os sonhos de grandeza.
Há outras forças que regulam o tempo
quando o homem cria raízes no seu lugar.

AO SENHOR DOS PODERES

A felicidade nidifica no que existe, como um câncer latente
nas células do corpo, e todas as amendoeiras que tardaram a florir
resistem nobremente ao granizo primaveril.
A sua floração branca está caída, um arame floral
por baixo da natureza como aquele branco amor –
o que se agarrou com as unhas, que cantou como um prisioneiro,
de unhas arrancadas. Fim de inverno ou primavera antecipada,
que importa: procede com contenção e equilíbrio
em tudo o que é importante, frango condimentado
e pão de madrugada em dias de festa, canções de mar,
luz aberta e canções do dia a dia.
Concede algo que refreie o sangue, a sexualidade que irrompe,
a tristeza dos rostos "semitas" quando a vida oprime,
rédeas ou cordas para domar a instável energia
e força para a corrida depois do tempo que resta –
concede em tudo a dosagem correta para o homem,
a dosagem que na Terra nunca foi a sua.

ESTA NOSSA REALIDADE

A cintilação da estrela sonha profundamente
consigo mesma dentro da água.
O rosto do mar está agora tranquilo, o rosto do mar é a cara dela.
A ponta da minha tristeza toca as rugas das horas defumadas
da grande poetisa, e a sua dor aguda confia em mim.
Esta nossa realidade consiste em aprender a viver com o presente,
compreender os contrastes do caráter do amor absoluto.
Chega de velhos bosques, e os seus olhos de lobo dizem-me:
o silêncio devolver-te-á os teus queridos
nos momentos mais inesperados.
Tu sabes o que fazes e fazes o que queres.
Depois, não te queixes. Todas as tuas palavras escuras
são só lágrimas: um amor de um homem noites a fio,
uma após outra – lágrimas, poemas sobre estrelas ou água,
e profundamente dentro da água o silêncio começa a aclarar-se.

A CASA DO NOME DOS NOMES

Na casa cujas janelas dão para o pátio,
não penduramos bandeiras
para o Dia da Independência.
Ninguém veria as bandeiras,
e além disso, o branco inferior
e o azul superior sujar-se-iam
com a fuligem das paredes,
com os botijões de gás e com os pássaros.

Na casa cujas janelas dão para aqui,
não penduramos nada por enquanto.
Defendemos com o resto da nossa esperança
a pouca independência que possuímos,
preocupamo-nos uns com os outros
e com o dia a dia mesmo quando
é mais sombrio do que a noite.
Dirigimo-nos com o nome dos nomes
aos grandes deuses do passado, pedindo por nós,
pelos nossos ossos, pelos restos da nossa independência.
E por vezes ficamos cheios de frio:
estamos vestidos da própria vida.
A morte embosca o amor e a noite
na profundidade fumarenta da casa.

SOBRE O LUGAR E SOBRE O HOMEM

Quando descem ao pátio os cães dos vizinhos
e a gataria foge em todas as direções
"O Povo está com o Golã!"[7]
e eu com o meu mau humor.
Temos ainda a nossa terra
de que faremos parte;
e todas as terras que não são nossas
são prados para os rebanhos de Deus.

Agarra numa pedra e coloca-a aqui:[8]
qualquer lugar é adequado para a sepultura
porque quando chega a Grande, a Última, a Prevista –
chega imprevistamente.

SONHO CIPRIOTA

No claustro do mosteiro de S. Davi,
estabeleci no século sétimo um balneário.
No ano passado fui nomeado encarregado geral,
e as minhas mãos estão cheias de trabalho.
Unjo os corpos com óleo,
e a minha carne está à flor da pele.
Se eu não tivesse escrito isto,
se não fosse o encarregado do balneário,
teria sido enforcado na muralha da cidade
com uma colmeia no interior do crânio.

SOMA

Nasci quase livre, um homem de trinta anos.
Passo e canto o tempo, alérgico à vida.
Tenho uma religião feita em casa: solidão sob as nuvens,
bom sol nos olhos e um grande vento na cara.
Amei muito e dormi pouco, morri e levantei-me três vezes.
Vi o que pude ver.
Em breve vou acabar e então voarei.

AO MUNDO

Também pode ser abordado deste modo
ou não ser de maneira nenhuma;
encarcerar Deus, beber e derramar líquidos,
encerrando a esperança e seguindo o ruído.

Não escrevo para viver com sofrimento
ou para que se compadeçam de mim,
mas para aprender algo a respeito da morte,
preparar o amor e preparando-me:

Fomos atingidos pela má ou boa sorte
precisamente sobre esta bola de bilhar.

MODERNIDADE

Esta noite também te vi no meu sonho de repente,
minha professora de hebraico e de literatura.
Estavas rodeada por todos os lados
por um público sedento de diversão,
pessoas ansiosas por entretenimento e índices de audiência,
janelas que dão para o século vinte e um.

Como uma ave estranha estavas ali plantada,
radicada como eu no mundo.

O AMULETO DA TRISTEZA

Para Ahuva

Recorda-me na tua prece ou refere-te a mim
enquanto me prendes os dedos e tocas na madeira.
E que Deus, seja Louvado, nos conceda a cura e o remédio
para os aflitos e, como elixir de longevidade,
nos dê um menor anelo pela morte.

Pede uma bênção em meu nome,
faz desabar um aguaceiro pegajoso:
o meu corpo se pega à terra,
o meu espírito sopra pelos caminhos.

VAGABUNDAGEM

Toda a noite em estações estrangeiras –
entre locutores indiferentes
à sorte dos refugiados do Kosovo
e umas orações aflitivas do imã desaparecido,
entre as vozes que comentam
a corrida de cinquenta pés
e o silvo da emissora
junto à linha do Equador –
cada noite, toda a noite
para me recordar das minhas línguas,
para regressar nas asas da aurora
à minha casa, ao teu coração.

UM POEMA PARA ACABAR O MILÊNIO

Lembrei-me subitamente de Kozo Okamoto:
perpetrou uma vez um ato terrorista qualquer
no aeroporto de Lod[9] nos anos setenta do século vinte.
Eu soube mais tarde: no cárcere
circuncidou-se com uma tesoura,
ferido de remorsos e de pesar
pelo seu ato criminoso.
Por quantos tormentos passou a humanidade
nos mil anos decorridos.
Quantos poemas ainda a aguardam
no milênio que aí vem.
Não acrescento pontos de interrogação,
porque, de resto, de nada serviriam.
Só escrevo palavras duras
que encerram dificilmente o segundo milênio,
tentando em vão recordar-me
do nome dum poeta que, no seu tempo,
encerrou o primeiro.

PELOS TRINTA DIAS[10]

Em memória de Moshé Zinger[11]

Uma estrela azul na orla do céu,
as palavras doem no ventre,
e a veia do poema pulsa.
A água das chuvas nas calhas,
nestes dias que nos caem em cima
em que nós continuamos cravados no mundo,
setas que um destino caprichoso desferiu.
Aonde foste, já que o tempo
ainda se dispunha ao carinho?
Os ciprestes puxam o cabelo da nuvem
na janela da sala que conheceste,
e a tarde lança para a obscuridade
longos aguaceiros de droga outonal.
Lentamente passam diante de nós
amigos sábios do silêncio,
e hoje já há um mês que estás conosco
mas longe, noutro lugar.

CAIM

Vim de longe até à estrela triste.
No meu sangue está a distância do meu amor
e o ritmo que me acompanha pelos caminhos.
Os meus parentes verdadeiros são as sementes das flores
que jazem num pranto de chuva sobre uma pedra fria,
a minha casa alugada que parece uma caverna
e um gato desejoso de carinho e de liberdade.
As minhas noites são uma urdidura:
um sonho da vigília
entre versos de um poema do qual fui retirado –
setenta vezes fui vingado e outras tantas vencido
para que eu vivesse e morresse setenta vezes sete.

LIBERDADE

Longe do cárcere e grilhões passas como uma sombra,
buscando cordas e badalos, sussurrando como alfombra.

Manteremos o contato, se o mantivermos, e se quiseres ouvir
como a chuva canta à luz, igual que ao mar poderás ir.

O teu corpo é brisa matutina, nas almofadas há calma,
um esfregão de água fria e silêncio em vez de arma.

Então, bom-dia se acordares, e se quiseres saber de juízo são
onde nada o poeta: em águas de loucura e razão.

O PAÍS DOS MILHARES DE ILHAS

País de milhares de ilhas
abriste-me como a um livro,
rabiscando depressa por dentro
o que te faltou dizer:
imortalidade de lagos,
noites silenciosas como um túmulo,
luz de treva infinita,
que penetra o corpo como um homem.
Uma coleção de impressões de uma pátria
que foi e já não é mais:
como te pude amar,
terra que violas o Homem.

ÍCONES

Os meus olhos amam as caras gregas,
as brancas como a neve, as trigueiras como a azeitona,
as fixas como a parede de uma igreja,
as plantadas no coração na profundidade da casa.

Observo-as embriagado, excitado, sonhando –
vejo-as na memória, no poema que a vida escreveu.

ATHOS

Foi o interesse pela religião e pela botânica
que o levou lá,
àquela península de abstinência
no nordeste da Grécia.

Por todo o lado houve penhascos e mar
nesse verão afastado,
houve lá pão, mel e velas,
cera, peles e luzes que se iam apagando.

Da sua apressada visita
à biblioteca do mosteiro
recorda-se agora
sobretudo do aroma:
um cheiro suculento como o de uma vulva,
intensamente inebriante
quando arrancava exaltadamente
as pétalas da flor negra –
a sotaina do jovem seminarista.[12]

POBREZA

Há sítios onde a intimidade é obtida
a troco de batatas,
o preço do contato é o de um tomate,
e o preço do sexo sobe lá de hora a hora,
de um câmbio para outro, entre homem e sangue,
em cada moeda e em cada nota.

Em tais locais vivem pouco
os muitos que nasceram e morrem
sem saber de outro mundo que se exalta
pelos seus filhos que querem continuar a tocar
o que está longe e queima.

Portanto percorrem esses lugares
os malditos que conseguem a intimidade,
e o preço do contato, a angústia do seu sexo à pressa,
mais barato do que uma laranja, enquanto ejaculam
para a recordação dos sonhos.

ALBÂNIA

E os mais pobres entre eles
eram mais miseráveis do que os mais pobres,
e nas poucas vezes em que trabalhavam –
sempre ocasionalmente – nunca conseguiam
sequer manter-se a si mesmos,
mas levavam a miséria com orgulho,
como uma coroa, como um resplendor
nas cabeças dos santos das igrejas orientais.

Entretanto os seus anos passaram
de uma cama para a outra
numa realidade que parecia
insuportavelmente penosa,
mas agora o tempo aproxima
o arco-íris do extremo do horizonte.

Destino meu, bendizer a todos que uma vez amei.

Tirana, julho de 1996

DOIS POEMAS PARA NATACHA

A. Avaliação

Não há quem mereça
que sofras por ele, disseste-me.
Valeu a pena ter vindo a Tirana
para ouvir isso de ti.
Mas se de fato não há quem mereça,
como vou saber quanto valho eu?

B. Lições

Ensina-me a dizer na tua língua pregadores de roupa
e dar-te-ei todos os meus pregadores de roupa.
Ensina-me a dizer "sem açúcar"
para adoçar a minha vida.
Mas mesmo que aprenda
a dizer no teu idioma
"juntos" e "bem",
não vou compreendê-lo
nem darei o que está longe
e que não há.

RENASCIMENTO

No Museu Nacional da Albânia
ergueu-se diante dos meus olhos
o retrato de Karlo Serreqi,
um católico mais precioso do que Roma,
que, durante os anos de Enver Hoxha,
foi preso, torturado e assassinado.

Quantos anos este quadro jazeu
acompanhado por outros papéis?
Quantos anos descansaste tu,
jazendo com os fantasmas?

Na grande corrida a alma sobe,
desce e volta a subir.

NA ALDEIA REMOTA

"Sala de estar" em albanês é "sala de amigos", e nesta casa
há só uma divisão – a sala e uma única porta de madeira –
a da rua, não tem janelas. Aqui sempre
se construiu assim, tens o gosto de me explicar:
por medo dos estranhos e das vinganças sanguinárias.
Hoje o mundo é também astuto e cruel
e a vida é um ambiente hostil. Mas, no centro da sala,
o fogo arde, o café preto ferve e fumega.
Tu o serves, olhas e sabes que a noite
não é uma ilha de sono. Nós os quatro
vamo-nos deitar no soalho – os teus dois irmãos,
tu, agitado, e o meu corpo (dos quatro pontos cardeais vim
para parar sozinho nesta aldeia remota). Na sala dos amigos
não encontraremos paz, só um pouco de consolo
e merenda para as jornadas: as noites
vão amontoar-se esgotadas ao nosso lado
e não redimirão o sangue.

ROTINA

Deixei-te no meio da neve balcânica
na aldeia esquecida por Nosso Senhor
e voltei a viver na mesma rotina
que as pessoas seguem sem nenhum ardor.

Os meus frívolos caminhos não me fizeram esquecer
a tua sombra, que me trata como a um irmão
que, mesmo no cotidiano do nosso destino,
de um dia para o outro me estende a mão.

Quando vais dormir com o inverno
e as luzes noturnas se vão apagando,
o gato Aleksandros e eu
estamos nas trevas brigando.

PROMESSA

Meu barco almirante,
Grécia, partes constantemente
carregada de júbilo e de pranto,
para mares longínquos
como o sonho do marinheiro
que vagabundeia pelo mundo
de mal a pior.

Os corpos desejáveis
que eu encontrar pela rota
enviarei a ti selados com saliva,
com o orvalho das fantasias.
Agora estás longe daqui, mas,
no entanto, próxima, tranquila
sentada no meio de noites balcânicas,
no final das viagens.

A ÁRVORE

Para a Nima

Deus plantou no meu coração
uma árvore de saudades violentas
e todos os dias é colhido
o fruto maduro.
Lembro-me da semente donde nasceu a árvore
e dói-me quando a raiz suga
o sangue do coração, a medula dos ossos.

Estás sozinha debaixo da árvore,
e o teu rosto é o da humanidade.
Os frutos da árvore, as laranjas de sangue,
pendem como um casaco pesado por cima de ti.
És uma parte amada do meu tronco –
nodoso, cicatrizado, frágil e duradouro:
não somos senão pequeninos pedaços,
e o todo não existe.

CNN

Agora, que o bosque sagrado de Hollywood
volta a navegar desde a bolsa de Nova York
para as águas do Golfo Persa,
pego na tua mão ao nível informativo
e olho meio hipnotizado
as alturas vazias da paisagem árida,
os desertos austeros do Afeganistão.

O mundo teima
em não nos deixar de fora –
no gueto das nossas mútuas carícias,
no cárcere da esperança. E assim,
perante o avião espetado naquele andar
pela enésima vez,
observamos o sorriso de Bush –
mais belos, mais fortes e mais atuais.

A ÚNICA DEMOCRACIA (NO ORIENTE MÉDIO)

Este não vai ser um poema político, companheiros,
porque já não tenho paciência para vos aturar.
Não tenho paciência para caubóis e índios,
para agressores de polícias e para arrancadores de escalpos.
É aqui que temos os rapazes que deveriam
jogar diante de nós?[13] Jogar?! Força 17[14]
com uma carícia de morteiro, e o meu filho querido[15]
brandindo cassetetes e balas?
Que posso eu dizer? O filme é mesmo fascinante,
embora a maioria de nós tenha papéis secundários,
mas ainda não perdemos a esperança[16] de interpretá-lo
como homens, em cenário grandioso:
comer, tragar e devorar tudo como um fogo vivo,
como um antropomorfismo de Deus, como idólatras
adorando uma meretriz bíblica, uma prostituta de um templo,
um rego na terra, uma cidade de loucos,
e aqui o faroeste instala-se no túmulo dos patriarcas,
no Oriente.

ARS VIVENDI

Num país curto e estreito –
cercado pelo sol –
é fácil ver o mundo
em termos militares.

A língua e a beleza são uma cultura estranha,
e a terra sempre renasce.
Resulta fácil compreender que a guerra
seja lá a quarta dimensão da vida.

E quanto às outras dimensões –
por baixo, por fora e por dentro –,
a vida é um longo recrutamento,
em adiamento das satisfações.

SOLDADOS

O que fica depois de nós, e o que é que deixamos?
Terras de longos lutos
cheia de tranquilas oliveiras,
a sombra de mesquitas no horizonte, céus fumarentos.
Ao longo de estradas rejeitadas
devastadas pelas bombas,
arrasta-se uma caravana exausta: meios de destruição
e homens jovens. Não se recordavam bem
das belas canções que sabíamos de cor.
No passado controverso,
camisas azuis[17] e bandeiras vermelhas
converteram-se num rol de mentiras.
Da colina onde estávamos avistam-se
os segredos da destruição, interrogando-nos,
por vezes, por que teimamos em preservar
a imagem humana que perdemos.

POVO

Os nossos poemas são belos e tristes:
em vão expulsamos das nossas festas a obscuridade.
Comemos frutos secos, em memória
das colinas verdes que perdemos.

É azul e branco o "céu semítico",
e a nossa terra é negra e vermelha
como a história que ainda vivemos,
como as vestes de uma rainha nua.

QUANTA, QUANTA GUERRA

O que foi escrito na parede
jaz agora debaixo da terra,
no mesmo monte,
com o mesmo cipreste.
Quanta, quanta guerra.

Estamos nos lixando,
e assim nos movemos:
não nos mudamos daqui,
não nos mudamos de acolá.
Não deixaremos de nos mudar, nem deixaremos de cantar:
no princípio disparamos e choramos,
depois acalmamo-nos e continuamos a disparar.

DESTINOS

Vós que não sabeis agora
o que é água quente ou eletricidade,
abandonais o vosso sono pelo chão das mesquitas
ou pelos bancos dos jardins, tereis (ou não)
casas de papelão com rachas,
uma terra que treme pelo terremoto,
esperanças noturnas, uivos de cães,
mães que se abatem em oração.

Ainda estais aqui.
Ainda estamos todos aqui –
pequenas imagens de uma obscuridade momentânea
ou resplendores da eternidade: jovens
ciganos, refugiados do Kosovo,
e Jews in Palestine.[18]

À PROCURA DO PAÍS

O poema não aceita à noite a carne e a fruta
numa bandeja de prata,[19]
e, de dia, não anseia por uma colher de ouro
ou por hóstias da comunhão.
Perdido, percorre as ruas de Beit Jala[20]
caminha como um ébrio nas ruas de Belém,
buscando-vos em vão pelos caminhos,
procurando a vossa sombra nos arbustos.

Próxima do peito, encontra-se a alma,
agasalhada como um rapaz num saco de dormir.
Por vezes, encrava-se,
enrolada como um bulbo, oculta no meio da garganta.
Então o poema sente que é quase impossível
avançar mais para o campo de Deheishe[21]
no opressivo verão da Terra Prometida,
no berço dos procurados,
na rota do desastre.

MAHMUD TEM VINTE ANOS

O Mahmud tem vinte anos
e eu, trinta e três.
O Dimitri tem vinte e um anos,
e eu tenho a idade de Jesus.
O meu amado David tem dezoito anos,
e eu continuo com os meus trinta e três.

Mas mesmo que o Deus de todos nós
me deixe ter quarenta, ou cinquenta e três,
Imad, Murad e David
continuarão a ter vinte
ou vinte e um.

FLOR ORIENTAL

Contava-se que corre sangue dos teus olhos
debaixo do cipreste no monte em frente,
que um rio vermelho serpenteia no vale
como a chicotada de um cinto nas costelas do sonho.
Nasceste aldeão ágil e duro,
gozaste corpos em cisternas e na palha,
exaltaste como aroma de especiarias
de um sol moreno sobre a pele chuvosa.
As tuas noites já não passam pelos sulcos,
a lua ceifa na estrada real.
Mais um pouco, quando o exército disparar contra ti,
lançarás raízes na minha hagiografia.

MELHORAS

No balneário Al-Shifa em Nablus[22]
o jovem Saíd massageou-me as costas,
e seu peito alto perturbou-se tanto
que se abriram as cataratas do seu céu:
os joelhos dobrados tremiam na pedra,
o bafo da sua boca misturou-se com os vapores do cubículo,
do silo do seu ventre agitado por trigo e feno,
derramou-se a sua chuva sobre o pavimento.
Depois, a ensaboadela, em seguida, a água.
Depois toalhas e xícaras fumegantes.
Com o tempo, as cataratas do céu fugirão
para o breve intervalo que há entre as palavras.

NO OUTONO DA SITUAÇÃO

Fala-se agora num novo canal
e em novos canais de diálogo,
esforça-se por proteger, atualizar, hipotecar
os céus e a terra.
Passeantes são alvejados e disparam, enterram,
são enterrados e continuam a andar,
a falar, a contar, a explicar,
a não fecharem a boca nem por um segundo.
No meio do infinito palavreado, na acalmia
do tiroteio, interroguei-me, como uma noite muito vazia,
se o velho balneário turco,
onde te encontrei há dois anos,
não foi bombardeado e ainda funciona
em Bab As-Sakha, no gueto de Nablus.

TANTAS VEZES

Voltei à casa árabe de que gostava
para mergulhar de novo na paisagem da estranheza,
para conhecer a qualidade das consoantes
dessa língua quente que geme.
Vim pelo caminho da lua e da areia
para ficar sozinho como uma nuvem
no céu azul do idioma.

Na casa árabe isolada de que gostava,
assaltou-me o *kitsch* vindo de todos os cantos
em altos berros, amargos e doces,
que embotaram os meus sentidos como uma droga.

Disseste que não estávamos sós,
que a solidão estava sempre conosco,
e por baixo da imagem da Mãe de Deus,
mostraste, com hesitação, a fotografia da tua noiva:
bela, também com pudor, abrindo-se,
jovial e colorida como uma rubéola.

Descansamos tomando café e sonhos,
voamos em anéis de fumo e boda
e por tanta tristeza em cada lugar,
por tanta riqueza em cada idioma,
a minha própria felicidade, ó língua,
ainda não a encontrei em parte nenhuma.

JERUSALÉM

Quão triste e patética é a hora do regresso
aos teus becos confinados e esbatidos pela distância.
És amarga e totalmente transparente,
uma estufa de loucura, jardim de lágrimas,
o tempo despe-se nos teus numerosos canteiros.

Porque já saiu de ti
toda a Torá,
e a palavra de Deus
foi, é e será a tua desgraça.
Como te tornaste um lamento,
tu, anzol na garganta dos que te amam,
a cidade cujos próceres
vivem na tua entrada.[23]

PRENDA

Se chegaste a ver a minha dor
fixa a serpentear como uma cobra
no declive da minha vida,
a minha pele morena
sedenta de chuvas,
a minha carne
sempre faminta de carícias,
viste então o que falta ao imperfeito,
o que nunca será totalmente completo,
viste todas as classes da ânsia
implorando que não sejam desatendidas.

Algures, perto dos limites da minha mente,
floresce o desejo de cruzar novamente todas as fronteiras.
Recolhe-o, passante ao lado do caminho,
e oferece-o à lapela tua nudez.
E fica sabendo que em cidades longínquas,
em ilhas remotas, em aldeias, além da jornada,
há gente que espera como eu pelo seu dia,
pela tua bondade e pelo sol do teu coração.

NO PASSADO

Quando eu era um rapaz amorreu excitado
em leitos de gergeseus e de jebuseus,
gostava de colecionar falas das suas bocas,
de recolher gotículas de saliva e palavras
entre os seus lábios e línguas.
Lembro-me ainda vagamente
de um mundo sem milho nem cacau,
agora, em que olho como um drogado
a letra escrita no computador.
Tivemos festas bonitas nos vinhedos
e folias na sombra de colinas frescas,
sol abundante em dias de trabalho
e escassíssima sombra, se é que havia.
Já então eu não era como os meus irmãos,
mas mais como as pedras que crescem no silêncio.
Fora dos leitos, eu era solitário,
nas aldeias precipitado e exaltado;
quase sempre no caminho, vagueando
para lá das montanhas. Com a terra eu era quente,
bom e úmido como um par
de meias remendadas
por baixo dos pés da chuva.

NÃO TENHO SIMPATIA

mas tenho planos
a longo prazo,
ocupação para trezentos anos, pelo menos:
na eternidade aprenderei botahari,
o mágico idioma das ilhas Cúrya-Múrya.
Entretanto, passam em trevas as minhas noites,
à distância de trinta anos-luz de mim mesmo.
Chacais cansados leem no meu sangue
o velho poema do meu nome.
Quando sobre a cabeça da tristeza
pende, como uma coroa,
uma pálida lua pessimista,
vão e vêm invernos e estios,
presos do mesmo sono.

FESTAS DA MORTE AO VIVO

À memória do meu pai

A diferença de horas entre Israel e a Espanha
existe, é de uma hora, ou de seis horas?
Como entre o desastre da tua morte na estrada do deserto
e o carro que chocou na rodovia
com o veículo em que eu viajava?
Festas da morte ao vivo
na televisão pela enésima vez e mais uma:
touradas, rios de gente,
seis vencidos em hora e meia de sangue.
E o luto? Desde que me lembro,
desde que me recordo –
vou perdendo o meu próximo,
perdendo-me e cultivando-me.

AMEAÇA

Por cima do ponto
em que eu não sabia
dizer "Não!"
cresce agora um
novo prepúcio
e estico-o cada vez mais,
sabendo que não se romperá;
e vocês que não conhecem
nenhum limite, vocês
que o intrometem brutalmente
uma vez após a outra,
ides deparar com um sinal
que manda parar,
e se desobedecerem,
vou disparar.

DIVÓRCIO

Batem às portas do amor
como ponteiros aos trâmites do tempo,
rasgando do presente pedaços do passado,
do futuro troços de ter estado juntos,
para partir diferentes rumo a novos caminhos
como descobridores de continentes
navegando e errando, ou para se descobrirem
numa manhã na cama como a uma ilhota
no meio do oceano.

E pergunto-me como e com quem
é que o meu gato passa a noite.

É PRECISO DEVOLVER TUDO

É preciso devolver tudo:
todas as redações aos alunos,
o sangue derramado às veias,
os territórios à terra,
e todas as vítimas à guerra,
e voltar a devolver tudo:
aos alunos todas as composições,
as formas a todas as gestações,
as palavras com significado
às conversas sem sentido,
ouvidos moucos às explicações,
e porque devolveremos tudo,
devolveremos o esperma às concepções
e os embriões aos umbigos,
as crianças iemenitas aos ventres das mães,[24]
coroas derrubadas às suas cabeças anteriores.
Temos que devolver tudo:
as letras omitidas à ortografia,
a Deus todo o universo,
devolver os territórios à terra
e aos desertos e restabelecer a desolação.
A roda do mundo gira, e o tempo parece
seguir o rumo de devolver para o bem
ou para o mal o que não pode ser proibido.
É preciso devolver tudo:
a voz que clama ao deserto,

a alma ao Criador,
e o universo e todo o espaço
à Imensidade do tempo a começar.

O POETA T.

Será que as alturas do firmamento ainda continuam estendidas
como se não tivesses partido e, contudo, foste embora?
Acaso voltou a abrir-se o caminho nas trevas?
Será possível que o futuro contenha uma esperança,
acalente uma expectativa e insinue
que não foram em vão a despedida e o caminho?

Será possível que continues a visitar-me, como sempre,
que os teus filhos a crescer pastoreiem o gado,
vejam campos e aldeias,
e que um vento benfazejo desça sobre o horizonte azulado,
como se aqui nunca tivessem acontecido
ruptura e perda?

Diz-me que sim, que ainda serão possíveis
o tranquilo encanto e o gozo vespertino
à sombra de velhas tílias e no silêncio das suas copas,
e que entre conversas e guloseimas
nos toquem a pureza e a graça,
que nos conformemos com o inacabado
e com tudo o que nos foi roubado.

E um jovem que virá
em lugar do filho que não tive
dar-me-á os seus olhos para ver
e estenderá para mim a sua mão.

NAOYA

Levas-me a passear
no pomar das cerejeiras,
e o aroma intenso da floração
desperta-me o desejo pela fruta.

Em volta há montanhas, renques de plantações
e uma ordem que parece alucinada:
pedras atingidas pelo espanto
por tanta intensidade do esplendor.

A maravilha pela natureza da seiva
atinge o tronco, a ramagem.
Por tanto anseio, cai no seu auge
uma chuva de flores brancas.

DOCUMENTAÇÃO

No celular para o meu monge,
refém em Belém,
que reparte a sua refeição com rufiões
e a sua enxerga com espingardas,
muito longe da Estrela Polar,
de uma bússola e da consciência da esperança,
próximo, como sempre, da Estrela da Natividade
e da aurora divina. Lá fora,
por cima dos blindados, as nuvens são tão baixas,
tão rápidas, rápidas demais
e todas elas bem perto.

NA SALA DE ESTAR E CAMINHO DE KARBALA

Durante todo o dia observámos
os helicópteros a aproximar-se como libélulas
na tela diante dos olhos.

Não sabes aonde vai conduzir
esta violenta campanha,
marcada pelo orgulho, bombas e o desejo
de liberdade, paz e dinheiro.

Mas depois de termos ouvido
durante tantas horas uma torrente
de mentiras fluentes
em inglês e em árabe,
pelo menos não pomos
mais em dúvida uma verdade:
os despedaçados que nos mostraram
não vão ressuscitar.

UM DISCURSO DA MINHA VIZINHA

Embora prefira chamar
"efeito estufa", estas vagas de calor
são a menopausa da Terra.
Vês em mim o que vem depois:
a velhice e a morte. Mas entretanto
há muitos entretantos
e um manjerico verde que se aguenta
no vaso do terraço do verão.

EPITÁFIO

Sobre a minha cara cresce
a erva fresca de uma nuvem.
No meu braço esquerdo
floresce o canto
de um campo de papoulas.
Franguitas picam energicamente
a rótula do meu joelho direito.
E todos os meus amigos me dizem:
"Que bom é ver-te vivo!"

SINAL DO QUE ESTÁ POR VIR

Mãos substituem livros,
livros substituem mãos.
Mulheres substituem homens,
Deus substitui o céu.
Estações substituem folhas,
rios substituem água.
Papel-moeda substitui os donos,
prostitutas substituem seios.

E eu, que não te substituo
nem procuro sucedâneo para ti,
soçobro sob o fardo do amor –
cheio com os equívocos do amor
aprendendo devagar a lição,
a taxa de conversão,
como um judeu que tivesse assinado um novo contrato
e trocasse a rebelião pela conformação às leis,
como um judeu erudito, sábio e conhecido,
como uma cobaia rara,
como Raquel que perdesse para sempre o seu amado,
como uma válvula cardíaca intransponível.
É este o sentido da lição
cujo valor ultrapassa o de todo o dinheiro:
mesmo que se vão os anéis,
ficam os dedos.

O ESTATUTO DOS PROFESSORES

Olá, de novo, turmas do primeiro ano ou do segundo,
ou do terceiro, ou do sétimo, ou do décimo segundo:
chegou a altura do regresso às aulas depois das férias grandes.
Como uma fada ou um destróier, navego
da sala dos professores até aos alunos – parando, sentando-me,
postada sempre diante dos meus eternos juízes. De um ano
para o outro, o tempo passa, mas ainda não sou velha,
e os alunos, por qualquer razão, são sempre da mesma idade
e têm o mesmo encanto. Não nego: por vezes fico exausta,
cansada, fatigada ou simplesmente vou abaixo, imbuída
de importância, acamaradando com os alunos – o principal
é ser humano. Sou uma nativa, uma boa professora
entre as crianças, se não me estafar em demasiado,
poderia ser coordenadora, diretora, vencedora.
De qualquer forma é quase certo que farei o estágio
e me profissionalize (convém ao sistema que faça o estágio,
assim se investe enquanto me afundo). Não me diplomei
numa universidadeca qualquer: durante anos, li, estudei,
observei e vivi a vida. É verdade: pagam-me
um salário de escravo, e o meu destino depende, provavelmente,
de comissões financeiras, em bordoadas vindas de cima,
mas o que faço aqui diariamente volta para todos e para vós
como um bumerangue. Não importa o que ensino, só educo
quando tenho forças. Quando compreender finalmente
que os vossos filhos e filhas e vós mesmos dependem de mim
e de outras mulheres e homens como eu, certamente que algo

irá mudar como a minha idade, que cresce de um ano
para o outro, não como a idade das crianças, idade de alegria
e felicidade. Então é possível que receba a minha recompensa,
e não apenas a compensação pelo empenho
segundo a pequena tabela do desespero.

A campainha está prestes a tocar. Estou 'cabandu*.
É bom que tomem isto em consideração. Há lugares
que respeitam os seus professores. Austrália, por exemplo.

---

* V. nota 26 (na p. 130).

REGRESSO

Quando o sabor do mel vai desvanecendo
e os meus olhos – cansados – se fixam profundamente
nos olhos abertos da noite,
regressas dos montes da saudade,
e nidificas na região meridional do corpo.
Voltas reciclado e em branco como um papel,
idêntico e de novo, como sempre, importante,
doloroso e dilacerante como um estilhaço de granada,
doce e longínquo como o sabor a mel,
necessário como cigarros e como café,
para quem se habituou a fumar e a beber
toda a vida, onde a tua débil sombra é bela
aos olhos abertos da noite.

QUANDO A NOITE FECHA OS OLHOS

Não por minha vontade e cheio de malícia
te arrancaste de mim como a escuridão,
como uma cidade fronteiriça conquistada
quando a noite fecha os olhos.
Chamaram-te a ordem, a família
e o rebanho: arrancou-te de mim a esperança
de seres como qualquer outro.
Mas volto a encontrar-te
uma infinidade de vezes,
amado e desgarrado
longe de mim,
profundo como uma caverna,
na minha pátria,
a Noite.

CASAS DE BANHO NO DESERTO

Não passam de conchas na praia,
estacas junto dos teus pés,
ossos quebrados ou fósseis
e casas de banho no deserto.
Não ficou quase nada do que era grande e desapareceu,
senão chuva no coração árido,
silenciosa e exausta como um cadáver transparente.
E o amor encontra-se
naquele lugar longínquo e fechado
onde nascem as palavras.

ILUSÃO

Já não lembro exatamente,
mas parece-me que eras alto como eu
quando te abaixaste, abrasado como fogo,
diante de mim e abriste as chaminés do céu.

Derramou-se sobre tudo um dilúvio.
Já não lembro exatamente:
deitamos – em silêncio ou por engano? –
perto um do outro como até a morte.

Limpaste-te com uma camisa radiativa,
para não ficarem resíduos na tua pele.
Já não lembro exatamente
se também eras sensível à radiação.

De lado ficaram a tua mãe católica, o teu coração
e a Igreja da Sagrada Família.
Do que eu desejaria esquecer
já não lembro exatamente.

FUGA DE CÉREBROS

Estão verdes, não prestam,
disse a raposa sobre as uvas da universidade.
Mas aqui não estamos a lidar com mosto doce,
não com vinho pagão nem religioso.
Quase no derradeiro minuto antes da aplicação
do programa final e absoluto da desunião
entre o corpo e a alma, entre a lógica e a força,
fazemos as malas e começamos a planejar nossa rota.
Porque tudo se aclara agora, de uma vez por todas:
a mediocridade põe o capelo da excelência,
e veste o manto altamente respeitado
dos membros de um clube exclusivo.
Depois arrota, boceja e arrota
geme e reluz com um fulgor
imperial, artificial e sempre oficial,
prática como uma fábrica
de pedras preciosas de plástico.
Até um coelho vê imediatamente
do que se trata: por isso fujo –
para não me esquecer, desando
e me safo enquanto posso,
sem carne nem osso, todo eu só cérebro,
com os outros cérebros, para o grande mundo.

UM CÉREBRO DESENVOLVIDO

O *homo israelensis* percorreu um longo caminho
desde aquela pequenina com duas tranças[25]
que perguntava uma irrespondível pergunta:
por nossa causa e também por causa dela
e pelo desenvolvimento das espécies,
pela evolução dos políticos e pela teoria de Darwin,
mais de uma geração mais tarde,
também eu paro, já abatido, e interrogo
os vulcões, interrogo-vos, a mim e à orgástica Stela[26]:
será possível que o ponto de partida recue novamente?
Que toda a minha obra seja um rascunho deste poema?
Que o gato castrado das terras dos nobres polacos se converteu,
em apenas um século, no chihuahua do Oriente Médio?
E que a paz, oxalá não aconteça,
gorgoleje como os esgotos de Gaza?
E perante todos os feridos e entre os mortos,
com um cérebro desenvolvido, depois desses anos todos,
até mesmo os grandes e os sábios, param e perguntam
e não encontram resposta.

NOS CAMINHOS

Na semana em que o papa polonês
morreu e ficou livre das viagens quase intermináveis
entre Roma e os gentios,
três maçãs do Chile voaram comigo
desde Lisboa, via Londres,
para uma entrevista de trabalho em Nova York.

Desconheço que bruxa
instilou no seu doce sangue
a febre das viagens
dos novos tempos.

Maçãs vermelhas do país de Neruda –
uma vez globais
e duas vezes transatlânticas;
uma terceira vez alimento – não para o espírito –
longe da sua terra de nascimento.

OS ANÉIS DOS ANOS

Perguntam-me constantemente, mãe,
pelo anel negro no meu dedo anelar,
um presente que recebi de ti.
E não me envergonho de dizer que é o teu anel –
sinal de que sou solteiro de ti
e casado contigo e divorciado de ti
e o teu viúvo. Sempre me perguntam
pelo anel negro e pelos anéis negros
à volta dos meus olhos, um presente
que me deram a vida e noites inquietas.
E eu ponho-os a todos,
sulcos fundos cavados por uma alegria antiga.
Foste e ainda és, com inicial maiúscula,
a Viúva maravilhosa dos meus anos.

UM AMOR BOM

Um amor bom informa-nos sobre as suas leis,
põe-se sempre e a nós no lugar certo,
quem fizesse sua vontade ganharia suas graças
com a bondade oferecida gratuitamente como deve ser –

Amo-te, Amor,
na combinação da semelhança e da diferença,
na riqueza e na pobreza
do que é possível
e não é.

O AMOR ESTÁ PRONTO

O amor está pronto:
coberto de creme,
vestido
com algodão-doce cor-de-rosa
às fatias, destruído,
comido, repreendido,
e apesar disso quer manter-se.
Livremente
mastigado entre os dentes,
repugnante, redentor,
umedecido com saliva,
com os sucos digestivos,
nas dobras intestinais,
desce, separa-se,
viaja para longe.
É um pedaço doce,
sumo das uvas da ira
e de manchas sem sabor
e sem inibições.
O amor nunca estará pronto
nem por uma vez:
desejará sempre também este
e ainda mais.

ESTADO-PROVIDÊNCIA

Há já uma semana completa, entre a tradução
de um Pessoa e a edição de outro,
que a televisão está acesa sem cessar,
sempre no canal dos filmes do National Geographic.
A propósito de todo aquele labor, correria
entre os heterônimos e atenção,
com muito menos do que meia orelha,
aos sons da fauna e da flora,
vai-se aclarando a semelhança não surpreendente
entre a economia e a política do nosso tempo
e o que acontece nos oceanos, nas florestas
e nos desertos: ninguém adverte as sardinhas
sobre a proximidade do tubarão;
à noite o tigre vê e não é visto –
a gazela depende dos favores das suas patas cegas;
a rã tem o direito de ser engolida
pela goela da serpente; a vespa dizimará
o enxame de abelhas – o mel vale-lhe isso;
as aventuras do Dr. Croc não ensinam nada
a respeito das lágrimas do crocodilo.
O Estado tem rendimentos e é providencial
quer tenhas o coração destroçado,
quer te doa o joelho.

LISA NA MARGEM DE UM LAGO NA ALBÂNIA

A vida está muito longe do lugar
que escolheste para passares as férias,
ainda que sejas, na verdade, uma mulher prática.
É um fato que, apesar do teu interesse pela poesia,
já ultrapassaste o limiar dos cinquenta
sem nenhum livro teu na carteira,
com tantos acertos como o nível do Mar Morto.

Por isso, não posso alegar
que pairas nas nuvens,
embora voes bastante –
sempre que os semestres
não te prendem
à fortaleza dos sabichões
no cume do Monte Scopus.[27]
Eu estou isento de tais obrigações –
não precisar de me abster
de festivais de poesia
no decurso do ano letivo –
mas para os lugares que me atraem verdadeiramente,
em geral não há voos. De carro, a cavalo,
de trem ou a pé, chega-se lá,
se chegar.

Agora estás comigo
neste restaurante albanês

e tenho no bolso uma quantia
que dará para te comprar
duzentas xícaras de café.
Será a pobreza que me atrai aqui
ou o desejo de passar as minhas noites
com belos profissionais de ofícios
quase extintos no mundo –
policiais patrulheiros, engraxadores,
lavradores ou sangradores com sanguessugas?

Não faço ideia, nem tu.
Ambos estamos no meio da vida,
fincados e libertos.
Estamos sentados à beira do lago
no meio de nada,
absortos em profunda contemplação
no caminho de nenhures.

Pogradec, outubro 2005

NO REFÚGIO DAS MULHERES MALTRATADAS

Haverá mais. Haverá outros.
Quantas vezes já te disse
e quantas vezes voltarei a dizer-te?
Olha para além dele e verás crianças e árvores,
flores, vasos, amigas e vizinhos,
há um trabalho importante a fazer
e há uma casa para manter,
e se ainda não há, vão haver.
O sol dar-te-á conforto e a morte tranquilidade,
não é como aquela em que morrias com ele todos os dias.
Há sonhos por realizar, esperanças para cumprir,
liberdade por que lutar e algum tempo para descansar,
e, se não tiveres alternativa, – há também outros homens.
Se não puderes estreitar ao teu coração
nada senão a recordação dele,
recorda-te que não foi bom para ti.
Muitos cães te perseguirão.
Mas o que ficará para dizer
se, em vez de possuíres um cão,
preferires um marido-cão?
Um cão não procederia assim contigo.

NA FRONTEIRA

Os preços do petróleo subiram e continuarão a subir.
Tiveste problemas e continuarás a tê-los.
Por vezes vês uma borboleta pousando
suavemente na tua perna, e depois
levantas-te animada, prosseguindo normalmente.
Quando já parecia que tudo ia bem
sem nenhuma área quente, despedimo-nos
de novo da paz, irrompendo em guerra.

TAIGA[28]

As casas à beira rio são arrancadas
e arrastadas com toda a facilidade.
Isto não é um filme, minha linda,
mas as desgraças do mau tempo.

Quem nascer agora
poderá ainda ter o privilégio
de experimentar maravilhas:
gripe das aves, chuvas diluvianas,
mundos que chegam ao fim.

Quem nos sobreviver
talvez veja os polos sem neves
e os glaciares sem gelo,
a ilha convertida em abismo
nas profundezas do oceano,
a montanha no cume da cordilheira
como um remoto e esquecido baixio,
sem qualquer sinal do meu anseio
por pão cozido sobre pedras quentes
e por uma jarra de água.[29]

Aos meus olhos, de qualquer forma,
a tua cara é o mais belo que existe
quando vês comigo
as notícias deste mundo.

Quando as casas são arrancadas da margem do rio,
só a muito custo os habitantes conseguem
levar às costas uma avó idosa
ou transportar ao colo o seu cão estimado.

E não me surpreendo nada com isso
quando olho o teu focinho, minha cadela:
um toque da tua língua vale mais
do que um milhar de acadêmicos.

OS GATOS BONSAI

Numa mensagem eletrônica
da secretária do departamento de linguística
soube dos gatos bonsai.
Que um japonês desnaturado cria
dentro de garrafas em Nova York.

A comida é introduzida na prisão por um canudinho
e do mesmo modo são retiradas as excreções;
tudo isso, como referido, para vender
gatos engarrafados como recordações.

No fim da mensagem estava uma petição
contra a publicidade dessas lembranças
e a sua comercialização.
Assinei, de imediato, a petição
e enviei-a a setenta boas almas.

Como consequência, ficou bloqueada
a minha caixa de correio eletrônico
durante um dia inteiro.

Mais tarde, o meu irmão escreveu-me,
dizendo que os gatos bonsai eram uma brincadeira.
Parece que a maluqueira humana não tem limites,
mas quem sou eu para dizer?

Abro a janela do meu livro
a uma nova coletânea de poemas
e o horizonte abre-se límpido
com animais e sem gente.

KONSTANDINOS PARTE

Um pouco antes de partires –
e não és meu filho, nem irmão
nem amigo, nem meu amante,
porém, sendo um pouco mais do que todos eles –
vou prender na minha mão dura a tua mão,
vou prender a tua mão boa que conheceu prazeres
e amarguras e noites de ventania,
porque, mais do que tudo, quero
(ainda, mas não de novo) abraçar-te fortemente,
de tal modo que, pelo menos, por um momento,
nos convertamos na mesma carne e no mesmo sangue
e no mesmo sêmen e na mesma fala.[30]
Mas, contudo, sim, contudo,
vou pegar na tua boa mão
e conduzir-te até à porta,
soltar-te como a uma pomba, Konstandinos,
para o largo mundo:
porque em todos os ventos fortes que te atinjam,
na amargura e no gozo que leves no teu regaço,
meu irmão e meu filho, meu amado e meu amigo,
acompanhar-te-á sempre o meu amor,
talvez preocupado, por vezes impuro,
mas alegre com todas as alegrias que encontrares.
Que os céus por cima de ti, homem, sejam propícios
até o fim do teu caminho.

O TURCOMENO

Senhor, estou-me a despedir de Achkhabad[31]
e parto como uma lagarta para a Rota da Seda.
Desde sempre estou condenado
a seguir-te para qualquer lugar por mais remoto que seja.
Não tenho um belo país tropical, só
estes desertos infindos no meio de parte nenhuma
com lagos salgados a agonizar na desolação.
É assim desde que os soviéticos desviaram os rios
e drenaram os venenos industriais
para a lixeira tóxica
que é agora o meu país.
Por isso te sigo, Senhor,
em terras ermas, sedento do teu sêmen,
do contato com os teus pés, como um pão de figos no meu rosto,
do sabor das tuas partes como úmidas tâmaras na minha boca.
É longo a caminho para Pequim
e arrasto-me atrás de ti como um camelo e sendo um casulo,
sabendo que, para produzir o único fio,
tenho de ser queimado em água a ferver,
de aguentar todo o excesso do desgosto,
para converter um grão de areia numa pérola.

PORTUGUÊS

Tudo da totalidade que tirei do mar,
séculos com as duas mãos nuas –
és pez e ventos, algas e conchas
e cheiro a maresia de homens por lavar,
pés, sovacos e prepúcio,
peixe fresco
em grandes bancas no mercado,
és um vinho bom
que, dentro da garrafa, faz corar,
verde como os teus campos
e como metade da tua bandeira.
És a multidão, os mesmos homens por lavar
diante de belas mulheres
que escondem o interior da casa,
és o cantar dos moços necessários – os descortiçadores,
dos sangradores do azeite da azeitona.
Tu – o teu azeite
bebi-o sem me saciar, e sem me fartar
dos teus moços, dos teus vinhos,
das tuas noites belas e dos sóis dos teus dias,
da tua literatura e das tuas festas e da tua vida.
És o que há de verde-vermelho como numa maçã.
És os ventos e os vendavais, és a canção do vento.
És sêmen quente
disperso sobre mim, às ondas, até ao extremo da luz,
até a língua de Portugal.

NOTAS DO TRADUTOR

1   Petah Tikvá é uma cidade ao norte de Tel Aviv onde nasceu Rami Saari.

2   Ráim é um nome próprio hebraico masculino, significando Vida. Outra grafia: Chaim, com as duas primeiras letras pronunciadas como *h* semelhante ao *j* castelhano, ou *rr*, hoje corrente.

3   Yanitsá é uma pequena cidade no norte da Grécia.

4   Oradea é uma cidade no oeste da Romênia onde ocorreram perseguições a homossexuais.

5   Rua da Jerusalém judaica com o nome do Rabi Yossef Bar Halafta.

6   Talpiot é o nome de um antigo bairro judeu no limite sudeste de Jerusalém.

7   Slogan da direita israelita de oposição à retirada do planalto do Golã.

8   Alusão ao costume judaico de colocar uma pequena pedra no túmulo visitado, recitando parte do versículo 14 do Salmo CIII – "Ele lembra-Se do pó que somos". A oferenda de flores é estranha à tradição judaica.

9   Lod é uma cidade onde se situa o principal aeroporto de Israel, o Aeroporto Ben Gurion.

10 Trinta dias após o falecimento, evoca-se a memória do morto na tradição judaica.

11 Moshé Zinger (1935-1994), poeta hebraico e tradutor considerado um dos melhores tradutores de poesia para o hebraico, entre outros autores, de Rainer Maria Rilke e James Joyce.

12 A tradução literal do termo hebraico para "seminarista" é "flor de sacerdócio", o que explica a imagem usada pelo autor.

13 II Samuel, 2: 14.

14 Facção terrorista da Palestina.

15 Jeremias, 31: 20.

16 Do hino israelense Hatikva: Ainda não perdemos a esperança, a esperança de dois mil anos, de sermos um povo livre na nossa terra, terra de Sião e de Jerusalém.

17 Alusão ao movimento da Juventude Socialista israelita.

18 As três palavras finais no original do poema estão em inglês transliterado com caracteres hebraicos e assim são mantidas na versão para o português. Desde o final da Primeira Guerra Mundial, o governo britânico administrou a região do futuro Estado de Israel, proclamado pela Organização das Nações Unidas em 1948. Há aqui referência indireta a Jeremias 31:28: "Os pais comeram uvas verdes, e os dentes dos filhos se embotaram."

19 "Bandeja de prata" refere-se ao poema assim intitulado por Nathan Alterman (1910-1970) e publicado em 19 de dezembro de 1947. O poema ganhou enorme popularidade. Depois do estabelecimento do Estado de Israel, em 1948, era memorizado pelas crianças nas escolas e recitado em cerimônias do Dia da Independência do país. A referência ao poema feita por Saari foi criticada como sinal de pacifismo, derrotismo e escapismo, típicos, segundo os críticos, a um setor da sociedade israelense que com frequência protesta contra a política oficial.

20 Beit Jala é uma cidade palestina, de população majoritariamente cristã, próxima de Belém, ao sul de Jerusalém.

21 Deheishe é um campo de refugiados.

22 Nablus é uma cidade da Cisjordânia, Palestina, localizada a 63 km a norte de Jerusalém. É designada em hebraico Shekhem. Fundada pelos romanos em 72 d.C., fica a 2 km da cidade bíblica de Siquém.

23 Alusão ao subúrbio de Jerusalém Mevasseret Tzion.

24 A frase "As crianças iemenitas aos ventres das mães" refere-se ao caso do desaparecimento de bebês de novos imigrantes dos quais dois terços eram iemenitas, entre os anos de 1948-1954. Na maioria dos casos, as crianças foram internadas em acampamentos de imigrantes ou hospitais, seus pais eram informados de que elas haviam morrido e estavam enterradas. Não foi descoberto um só

caso em que aquelas crianças tinham sido tiradas deles por iniciativa local ou de modo institucionalizado. Também não foi descoberto nenhum caso em que tais crianças tinham sido levadas para adoção sem o conhecimento dos pais ou sem que tivessem sido feitos consideráveis esforços para encontrá-los. Vários médicos e enfermeiras, porém, levantaram suspeitas de que as crianças haviam sido levadas sem permissão.

25 Ver: https://www.youtube.com/watch?v=BCTKC4Zkb00.

26 Personagem do filme israelense *Esquimó, limão* (1978). Stela é imigrante da Romênia, professora de matemática de alunos Ensino Médio, com os quais estabelece relações sexuais, e que diz, num hebraico popular, mas errado "ani megamêret!" (adaptado para "cabandu" na edição brasileira) em vez de "ani gômeret" – estou gozando/acabando.

27 Alusão à Universidade Hebraica, no cume do Monte Scopus, em Jerusalém, onde o autor trabalhou por uma década e escreveu sua tese de doutorado.

28 Taiga é o nome da cadela do autor (1999-2017).

29 I Reis 19, 6. Os capítulos 17-19 contêm uma história de vários desastres naturais, incluindo seca e fome; o imperturbável Elias, que se opõe à idolatria da multidão, é recompensado por Deus com alimentos.

30 Alusão a Gênesis, 11, 1: "E em toda a terra, havia só uma língua e empregava-se a mesma fala".

31 Achkhabad é a capital do Turcomenistão.

CONTEÚDO DESTA ANTOLOGIA

Apresentação – Moacir Amâncio, 9

Do livro *Olha, encontrei a minha casa* (1988)
    Petah Tikvá, 17
    A grande revolução, 18
    Final, 19
    Encarcerado, 20
    Madrugada em Helsinque, 21
    O meu morto, 22
    Umayya, 23
    Ele flui entre os seus anos, 24
    As ruas vão gelando, 25
    Um poema para Ráim, 26

Do livro *Homens na encruzilhada* (1991)
    A língua do campo, 27
    Dinastia, 28
    Este é o sangue, 29
    Por vezes, Helsinque, 30
    Uma caravana de ciganos a caminho do céu, 31
    O bairro turco de Yanitsá, 32
    Identidade, 33
    Eu, 34
    Os assumidos, 35

Do livro *O itinerário da dor valente* (1997)
    Só a eternidade sobrevive à eternidade, 36
    Rejeitado, 37
    Quartos cancerosos, 38
    Dimitris, 39
    Desde que foste embora, 40

A quatro passos da morte, 41
   1. A altura do amor, 41
   2. No lugar, 42
   3. O que não se pode tirar, 43
   4. E amei o meu próximo como a mim mesmo, 44
   5. Para a frente, 45
Continuidade, 46
Na casinha da Rua Halafta, 47
A escassez de lágrimas no vazio das tuas mãos, 48
Morada, 49
Ao senhor dos poderes, 50
Esta nossa realidade, 51
A casa do nome dos nomes, 52
Sobre o lugar e sobre o homem, 53
Sonho cipriota, 54
Soma, 55

Do livro *O livro da vida* (2001)
   Ao mundo, 56
   Modernidade, 57
   O amuleto da tristeza, 58
   Vagabundagem, 59
   Um poema para acabar o milênio, 60
   Pelos trinta dias, 61
   Caim, 62
   Liberdade, 63
   O país dos milhares de ilhas, 64
   Ícones, 65
   Athos, 66
   Pobreza, 67
   Albânia, 68
   Dois poemas para Natacha, 69
      A. Avaliação
      B. Lições

Renascimento, 70
Na aldeia remota, 71
Rotina, 72
Promessa, 73
A árvore, 74

Do livro *Quanta, quanta guerra* (2002)
CNN, 75
A única democracia (no Oriente Médio), 76
Ars vivendi, 77
Soldados, 78
Povo, 79
Quanta, quanta guerra, 80
Destinos, 81
À procura do país, 82
Mahmud tem vinte anos, 83
Flor oriental, 84
Melhoras, 85
No outono da situação, 86
Tantas vezes, 87
Jerusalém, 88
Prenda, 89
No passado, 90
Não tenho simpatia, 91
Festas da morte ao vivo, 92
Ameaça, 93
Divórcio, 94
É preciso devolver tudo, 95

Do livro *O quinto xogum* (2005)
O poeta T., 97
Naoya, 98
Documentação, 99
Na sala de estar e caminho de Karbala, 100

Um discurso da minha vizinha, 101
  Epitáfio, 102
  Sinal do que está por vir, 103

Do livro *Os anéis dos anos* (2008)
  O estatuto dos professores, 104
  Regresso, 106
  Quando a noite fecha os olhos, 107
  Casas de banho no deserto, 108
  Ilusão, 109
  Fuga de cérebros, 110
  Um cérebro desenvolvido, 111
  Nos caminhos, 112
  Os anéis dos anos, 113
  Um amor bom, 114
  O amor está pronto, 115
  Estado-Providência, 116
  Lisa na margem de um lago na Albânia, 117
  No refúgio das mulheres maltratadas, 119
  Na fronteira, 120
  Taiga, 121
  Os gatos bonsai, 123

Do livro *Introdução à linguística sexual* (2013)
  Konstandinos parte, 125
  O turcomeno, 126
  Português, 127

Notas do tradutor, 128

© 2023 by Rami Saari.
Todos os direitos desta edição reservados à Laranja Original.

www.laranjaoriginal.com.br

Indicação editorial
Moacir Amâncio

Edição
Marcelo Girard e Bruna Lima

Projeto gráfico e capa
Marcelo Girard

Produção executiva
Bruna Lima

Diagramação
IMG3

Imagem da capa: Pluie à Belle-Île (detalhe), Claude Monet (1886).

Dados Internacionais de Catalogação na Publicação (CIP)
(Câmara Brasileira do Livro, SP, Brasil)

Saari, Rami
  Por baixo dos pés da chuva : poemas / Rami Saari ; adaptação e apresentação Moacir Amâncio ; tradução portuguesa Francisco da Costa Reis. – São Paulo : Editora Laranja Original, 2023.

  Título original: מתחת לכפות רגליו של הגשם
  ISBN 978-65-86042-73-3

  1. Poesia hebraica I. Amâncio, Moacir. II. Reis, Francisco da Costa. III. Título.

23-161397   CDD-892.4

Índices para catálogo sistemático:
1. Poesia : Literatura hebraica 892.4
Eliane de Freitas Leite - Bibliotecária - CRB 8/8415

Laranja Original Editora e Produtora Eireli
Rua Capote Valente, 1198
05409-003 São Paulo SP
Tel. 11 3062-3040
contato@laranjaoriginal.com.br

Fonte Stempel Garamond
Papel Pólen Bold 90 g/m²
Impressão Psi7 / Book7
Tiragem 200 exemplares
Agosto 2023